천천히 읽고, 천천히 느끼는 시간 속에서

_______________ 님을 위한

작은 쉼이 되기를 바랍니다

필사, 깊이를 만드는 습관

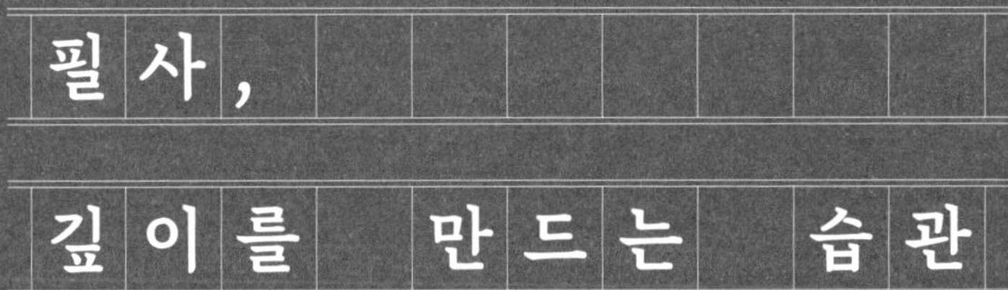

김유영 지음

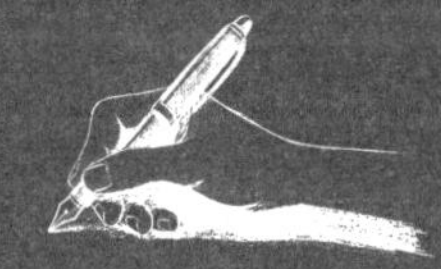

Booksgo

필사는
마음을 읽어 내려가는 여행이다

본격적으로 글을 쓰기 시작해 책을 펴낸 지도 어느덧 아홉 해가 되었다. 첫 번째 책을 출간하며 나는 스스로에게 약속했다. 해마다 한 권의 책을 내겠다는 10년의 목표였다. 그 약속을 지키기 위해 지금까지 꾸준히 글을 써 왔고, 올가을이면 열 번째 책을 출간하게 된다.

그사이 잠시 숨을 고르는 시간 속에서 막간을 이용해《필사, 깊이를 만드는 습관》을 준비하게 되었다. 문득 그동안 출간했던 책들을 다시 펼쳐 보았다. 그중에는 유난히 손으로 따라 쓰고 싶어지는 문장들이 있었다.

독자들 역시 종종 내 책에는 필사나 캘리그래피로 옮겨 적기 좋은 글들이 많다고 이야기해 주었다. 그래서 이 책은 작가로서 독자들에게 전하는 작은 감사의 마음에서 시작되었다.

필사는 단순히 글을 베껴 쓰는 일처럼 보일 수 있다. 그러나 펜을 들고 한 글자씩 옮겨 적다 보면 전혀 다른 경험을 하게 된다. 눈으로 읽고 마음으로 생각하며 작가의 문장의 결을 천천히 느끼게 된다. 빠르게 스쳐 지나가던 문장들이 어느 순간 우리 안에 머물기 시작한다.

나 역시 글을 처음 쓰기 시작하던 시절에는 필사를 많이 했다. 좋은 글을 따라 쓰며 문장의 리듬을 배우고 생각의 깊이를 익혔다. 그 과정은 마치 화가 지망생이 명화를 모사하며 색감과 구도를 배워 가는 시간과도 닮아 있다.

필사를 하는 동안 생각은 차분해지고 마음은 조용히 정리된다. 때로는 미처 알지 못했던 자신의 마음을 발견하기도 한다. 그래서 필사는 마음을 다스리는 시간이자 자신을 돌아보는 시간이 된다. 어둠 속에서 자신의 얼굴을 더듬다가 마침내 빛을 향해 고개를 드는 순간과도 같다.

손으로 쓰며 생각하는 동안 우리의 삶은 조금씩 새로운 지평을 향해 열린다. 빠르게 흘러가는 세상 속에서 필사는 잠시 멈추어 생각할 시간을 선물한다. 사각사각 종이 위를 지나가는 펜의 감촉 속에서 오래된 사색과 사유의 깊이를 다시 만나게 된다.

그래서 이 책이 단순한 필사책에 머물지 않기를 바란다. 글을 읽다가 생각해도 좋고 마음이 움직이는 문장만 골라 써도 좋다. 처음부터 끝까지 모두 따라 써야 한다는 부담을 가질 필요도 없다. 그저 읽고 생각하는 것만으로도 충분히 의미 있는 시간이 되기를 바란다. 그리고 문득 그 누군가에게 마음을 전하고 싶다면 이 책을 말없이 건네도 좋겠다. 그 안에 담긴 마음이 조용히 전해질 테니.

나는 필사를 힐링이자 성장으로 향하는 느린 생각의 여행이라 믿는다. 어쩌면 필사는 글을 따라 쓰는 일이 아니라 천천히 자신의 마음을 읽어 내려가는 일인지도 모른다.

이 책 속에 담긴 살면서 배운 작은 지혜와 깨달음이 여러분의 앞날에 긍정과 희망의 에너지로 가닿기를 바라며.

봄이 오는 길목에서.

건강과 행복, 즐거움과 미소를 전하는
작가 겸 심리상담사

김유영

02

몰입의 태도

04 성장의 태도

01

감정의 태도

DAY 01

✦ 나를 돌아보는 ✦

나의 나쁜 습관과 게으름, 부족함까지 인지하여

고칠 수 있는 계기의 시간을 갖는다면

어제의 나보다 좀 더 나은 모습을 기대할 수 있다

그리고 어떤 마음가짐을 가지고 어떻게 살아가야 할지

고민하고 생각을 정리한다면 마음이 편안해지고 홀가분해진다

삶에 의욕과 열정, 설렘과 흥분이 생겨

자신감 있게 살아갈 수 있는 에너지도 얻게 된다

그러면 내일의 떠오르는 태양이 기대될 것이고

하루의 소중함을 인지하는 순간을 맛볼 수 있다

단언컨대 하루와 나를 돌아보는 시간을 가지면 삶과 인생이 달라진다

✦ 사색의 시간, 사유의 질문

• 나는 무엇을 붙잡고 있었기에 나태해졌고, 무엇을 내려놓을 때 비로소 가벼워질 수 있는가?

____

• 오늘 하루를 온전히 살았다고 말할 수 있으려면, 내가 반드시 지켜야 하는 태도는 무엇인가?

____

✦ 새로운 매일 ✦

매일 새로운 아침을 맞듯

늘 몸과 마음의 묵은때를 한 꺼풀씩 허물을 벗겨 내면

나에게로 새로운 하루가 밝게 스며들 것이다

긍정의 마음을 늘 생각하고 실천한다면

내게 주어진 고난과 역경에 지배당하지 않는다

모든 것에 감사하는 마음으로 하루를 시작할 수 있다면

삶도 분명 건강하고 행복해질 것이다

✦ 사색의 시간, 사유의 질문

• 내가 벗겨 내고 싶은 '묵은때'는 무엇이며, 붙잡고 있었던 이유는 무엇인가?

____

• 삶의 고난 앞에서 나는 지배당하고 있는가 아니면 선택하고 응답하고 있는가?

____

나만의 즐거움

긍정적인 인생을 살고 싶다면

스스로가 즐거워서 하는 일에 힘써 보는 것은 어떨까

그 무엇이라도 좋으니

자신이 좋아하는 일을 찾아서 즐거움으로 삼아 보자

자신이 찾아 만든 즐거움은 평생 간다

✦ 사색의 시간, 사유의 질문

• 지금 '해야 해서' 하는 일과 '즐거워서' 하는 일은 무엇인가?

____

• 내가 발견해 오래도록 간직하고 싶은 즐거움은 무엇이며, 당장 무엇을 할 수 있는가?

____

냉정한 직시가 필요할 때

기약 없는 희망만을 믿고 밀어붙이는 것은 무모함이다

무모함 속 믿음은 계속되는 좌절로 이어져

더 큰 절망을 불러올 수 있다

이럴 땐 냉정하게 상황을 직시하고 받아들이는 것이

고비를 넘기는 데 도움이 된다

살다 보면 긍정의 힘이 부족해서가 아니라

인간으로서는 도저히 감당이 안 되는 일도 더러 있다

✦ 사색의 시간, 사유의 질문

- 나는 희망을 붙잡고 있었던 걸까 아니면 희망이라는 말로 현실을 미루고 있었던 걸까?

- 지금 상황에서 '버틴다'는 것은 계속 밀어붙이는 걸까 아니면 받아들이고 방향을 바꾸는 걸까?

✦ 마음의 흐름 ✦

변하는 건 그저 들뜨고 바쁜 마음이다

너무나도 빠르게 급속도로 변하는 세상의 흐름 속에서

흔들리지 않고 휩쓸리지 않도록

마음의 흐름과 움직임을 잘 살펴봐 주자

가능하면 그 마음을 여유와 사랑으로 잘 보듬자

너무 빨리, 너무 멀리, 너무 위험한 곳으로 흐르지 않도록 말이다

✦ 사색의 시간, 사유의 질문

• 지금 나의 마음은 세상의 속도에 반응하고 있는 걸까 아니면 내가 선택한 방향으로 흐르고 있는 걸까?

____

• 내 마음이 너무 빨리 혹은 너무 멀리 가려 할 때, 나는 어떤 방식으로 사랑하며 붙잡아 주고 있을까?

____

✦ 연민의 의미 ✦

연민은 단순히 타인을 불쌍하고 가련하게 여기는 것이 아닌

사랑의 마음이 동반된 선한 마음의 행동이다

다른 사람을 도와주고 싶은 마음이 드는 그 자체의 순수한 감정이다

✦ 사색의 시간, 사유의 질문

• 연민은 타인을 돕고자 하는 순수한 마음에서 비롯된다고 할 때, 어디까지가 진정한 연민
이고, 어디서부터 자기만족이나 우월감으로 변해 가는 걸까?

____

• 사랑이 동반되지 않은 도움도 선한 행동이 될 수 있다면, 연민은 반드시 행동으로 이어져
야만 그 의미를 완성하는 것일까? 마음으로 머무는 것만으로도 충분할까?

____

✦ 진심을 담기에 ✦

빨리하는 것에는 진심이 담기기 어렵고

진심이 담겨 있지 않은 일은 헛된 일이다

✦ 사색의 시간, 사유의 질문

• 나는 일을 '잘 해내기 위해' 서두르고 있는가 아니면 '빨리 끝내기 위해' 움직이고 있는가?

____

• 지금의 선택에 나의 진심이 담겨 있다면 속도와 결과는 어떻게 달라질까?

____

✦ 욕심의 무게 ✦

내 안의 욕심을 묵혀 두면

그만큼의 무게로 힘들게 살아가게 되고

비우고 씻어 내면

그만큼 가볍고 홀가분하게 살아갈 수 있게 된다

✦ 사색의 시간, 사유의 질문

• 지금 어떤 욕심을, '나를 지켜 주는 것'이라 착각하며 쌓아 두고 있는가?

____

• 하나를 내려놓을 수 있다면, 삶은 어떤 점에서 더 가벼워질까?

____

✦ 삶의 어느 순간 ✦

살아가면서 어느 순간

지금까지와는 전혀 다른 외딴곳으로

휙 하고 내동댕이쳐질 때가 있다

• 나를 외딴곳으로 내던진 그 순간은 도망쳐야 할 고립일까 아니면 처음으로 나와 마주할
기회일까?

• 익숙한 일상이 모두 사라졌을 때도 끝까지 남아 있는 '나의 일부'는 무엇이며, 그것에 대해
얼마나 알고 있었을까?

✦ 욕망의 구분 ✦

가끔은 허탈감이 밀려올 때가 있다

그동안 나는 뭐 했나 싶은 기분이 드는 것이다

풀지 못한 욕망이 쌓일수록

공허함은 들쑥날쑥 마음속을 헤집어 놓는다

그런 욕망은 억누르기보다

아름다운 욕망인지 그렇지 못한 욕망인지를

구분하는 지혜가 필요하다

그것은 그 욕망이 내 삶에 어떤 영향을 끼치는가를 헤아려 보면

좀 더 쉽게 판단할 수가 있다

✦ 사색의 시간, 사유의 질문

• 지금 붙잡고 있는 욕망은, 시간이 지난 뒤의 나를 더 자유롭게 만드는가 아니면 더 공허하게 만드는가?

____

• 누구에게도 증명할 필요가 없다면, 나는 어떤 욕망을 끝까지 가져가고 싶은가?

____

✦ 포기하지 않는 것 ✦

마음에 들지 않는다고

불평만 하고 있을 것인가

중요한 것은 불평이 아니라

희망을 포기하지 않는 것이다

✦ 사색의 시간, 사유의 질문

• 나는 언제 불평을 하고, 언제 희망을 선택하는가? 그 둘을 가르는 나만의 기준은 무엇인가?

____

• 희망을 포기하지 않는다는 것은, 나에게 '기다림'에 가까울까 아니면 '행동'에 가까울까? 지금 나는 무엇을 하는 상태인가?

____

✦ 눈길을 걷다가 ✦

눈길을 걷다가 문득 뒤를 돌아보았다

발자국들이 가지런히 이어져 있다

마치 숨 가쁘게 한 해를 지내오며 생긴

내 삶과 인생의 발자취 같다

때로는 미련과 후회가 든 순간도

안타까움과 아쉬움이 든 때도

아픔도 슬픔도 기쁨도 행복도 있었으리라

✦ 사색의 시간, 사유의 질문

• 내가 '후회'라고 부르는 발자국 속에 그때의 나를 지켜 주던 이유나 선택은 없었을까?

____

• 지금 나는, 훗날 어떤 발자국으로 남기를 바라는가?

____

DAY 13

✦ 되돌아볼 수 있는 ✦

행복해지는 비결은

쾌락을 얻기 위해

노력하는 것이 아니라

노력 그 자체에서

쾌락을 찾는 것이다

가장 행복한 사람은

정신적으로든 육체적으로든

자신이 살아온 인생을 큰 고통 없이

되돌아볼 수 있는 사람이다

✦ 사색의 시간, 사유의 질문

- 나는 '결과로서의 행복'을 좇고 있는가 아니면 '과정에서 의미와 가치를 발견하는 연습'을 하고 있는가? 최근 내 삶에서 그 '과정'이 잠깐이라도 즐거웠던 순간은 언제였는가?

- 훗날 이 시기를 돌아봤을 때, 나는 어떤 고통은 받아들이고, 어떤 고통은 피하고 싶다고 말할 것인가? 그 기준은 지금의 선택에 얼마나 반영되고 있는가?

DAY
14

✦ 진실과 함께 ✦

진실과 함께 있다면

언제나 자유롭고 당당하며

무엇에든 맞설 수 있다

• 지금까지 진실을 지키기 위해 무엇을 내려놓았는가? 그 내려놓음은 나를 더 자유롭게 했
는가 아니면 더 외롭게 했는가?

____

• 진실이 나를 위험에 빠뜨린다면, 그때도 진실과 함께하는 것이 진정한 자유라고 말할 수
있는가?

____

✦ 그냥 흘려보내라 ✦

사람인지라 칭찬에 기분 좋아지고

비난에 기분 상할 수도 있겠지만

내 생각과 말이 아니기에

내 일로 여기지 않으면 될 일이다

칭찬과 비난에 너무 머무르지 말고

그냥 흘려보내는 것이 정신 건강에 좋다

✦ 사색의 시간, 사유의 질문

• 지금까지 누구의 목소리를 '내 생각'이라고 착각하며 살아왔을까?

____

• 아무도 평가하지 않는다면, 나는 오늘 무엇을 선택할까?

____

✦ 마음의 준비 ✦

미움과 싫음은 사실 아무것도 아니다

다만 알아차림의 갑옷으로

마음의 준비를 단단히 하고 잘 깨어 있어야 한다

감정에 개의치 않고 어떤 사람이든

인간답게 대하는 게 필요하다

✦ 사색의 시간, 사유의 질문

• 미움과 싫음이 올라오는 순간, 그 감정을 없애려 하는가 아니면 알아차리고 함께 마주하려 하는가?

____

• 누군가를 인간답게 대하지 못하게 만드는 것은, 그 사람 때문인가 아니면 깨어 있지 못한 내 마음의 상태 때문인가?

____

✦ 내어 주는 사랑 ✦

사랑이란 내 것을 내어 줌으로써 확실해지며

내 것을 내어 줄 수 없는 사람에게 남는 건

단지 자기 자신뿐이다

그러니 사랑은 나를 세상으로 확장시켜

더 많이 보고 느끼고 얻을 수 있게 해 주고

무엇보다 나를 가장 충만하고 완전하게

살게 해 주는 원동력이다

• 사랑이라는 이름으로 무엇을 내어 주고 있는가? 그 내어 줌은 나를 비워 내고 있는가 아니면 더 넓어지게 만드는가?

____

• 끝내 내 것을 내어 줄 수 없다면, 그 두려움은 사랑을 잃는 것인가 아니면 내가 변하는 것인가?

____

✦ 현명한 태도의 삶 ✦

고요할 때는 고요함을 즐기고

바쁠 때는 일상에 최선을 다하는 게

현명한 삶의 태도가 아닐까 싶다

✦ 사색의 시간, 사유의 질문

• 지금의 고요함(혹은 바쁨)은 나를 쉬게 만드는가 아니면 나를 미루게 만드는가?

____

• '최선을 다하고 있다'고 느낄 때, 그것은 남의 기준에 맞춘 성실함일까 아니면 스스로에게
맞춘 정직한 태도일까?

____

✦ 이어지고 이어짐 ✦

오로지 현재 머무는 곳에서

주인공으로 살기란 여간 어려운 일이 아니다

분명한 것은 내 생각과 마음이

과거에 얽매여 자꾸만 비교하고 조급해진다는 것이다

몸은 여기 있어도 마음은 콩밭에 가 있으면

아무런 소용이 없다

마음이 행동으로 이어지고

그 행동이 모든 결과로 이어짐을 명심하자

• 지금의 내 마음은 과거와 미래 중 어디에 더 머물러 있는가? 그 선택은 현재의 나에게 어떤 태도와 행동을 만들어 내고 있는가?

____

• 조급해질 때마다 반복해서 떠올리는 비교의 기준은 무엇인가? 진짜 '나의 기준'인가 아니면 익숙해진 '타인의 시선'인가?

____

✦ 감정을 대하는 태도 ✦

내 생각대로 무엇인가

일어나기만을 바라는 것은

화가 난 인생을 살기 위해

준비하는 것과 같다

화를 내기보다는 차라리

왜 부정적으로 생각하는지

생각 연습을 해 보자

감정은 옳은 것도 틀린 것도 아니다

✦ 사색의 시간, 사유의 질문

- 내가 느끼는 이 감정이 '사실'이 아니라 '신호'라면, 이 감정은 나에게 무엇을 알려 주고 있을까?

- 감정을 옳고 그름으로 판단하지 않는다면, 나는 나 자신을 대하는 태도에서 무엇을 내려 놓을 수 있을까?

✦ 연연하지 않기 ✦

낙오자란 시선에 고개 숙이지 말고

등신감이라는 마음에 자신을 가두지 말고

사랑과 인연의 관계에 얽매이지 말고

성취와 성공에 취해 있지 말고

좌절과 실패에 일희일비하지 말고

타인의 아픔과 슬픔에 눈물 흘릴 줄 알고

내가 가진 것을 나누고 베풀 줄도 알아

내게 주어진 소중한 하루와 가야 할 길에

최선을 다하면 될 일이다

✦ 사색의 시간, 사유의 질문

• 타인의 시선이나 평가 때문에 스스로를 '실패자'로 규정하며 자신의 가능성을 가두고 있지
는 않은가?

____

• 성공과 실패에 흔들리기보다, 내게 주어진 하루에 얼마나 진심으로 최선을 다하며 살고
있는가?

____

✦ 바람의 자리 ✦

영원한 행복이라는 꿈을

온전히 버리면 꿈이 이루어진다

만족하면 감사하고 행복하며

바라지 않아도 복이 찾아온다

행복의 큰 장애는 바라는 마음이다

✦ 사색의 시간, 사유의 질문

• 내가 행복을 느끼지 못한다고 생각했던 순간 중에서 '더 바라느라' 이미 가진 것을 보지 못했던 때가 있는가?

____

• 지금의 삶에서 하나의 바람만 완전히 내려놓을 수 있다면, 그 자리에 어떤 평온이나 자유가 들어올까?

____

✦ 슬픔의 신호 ✦

슬픔과 함께 사는 사람이 있다

잔잔한 우울이 마음에 있다

자신이 사는 방식에

만족스럽지 못하여 괴로워한다

여기서 슬픔이 일어난다

기존의 삶의 패턴에서 벗어나지 못하면

우울한 삶을 살게 된다

우울을 느끼지 않으려고

바쁘게 지내고 슬픔을 외면하고 산다

슬픔은 나쁜 게 아니라

다르게 살아야 한다는 신호인데 말이다

✦ 사색의 시간, 사유의 질문

• 지금의 슬픔이 사라진다면, 나는 과연 같은 삶으로 돌아가고 싶을까?

____

• 감정이 나에게 '버리라'고 말하는 것과 '지키라'고 말하는 것은 각각 무엇일까?

____

Date. / / /

✦ 내일을 위해 쓰다 ✦

오늘의 후회와 깨달음은

내일을 위해 반드시 쓰여야 한다

✦ 사색의 시간, 사유의 질문

• 오늘 후회한 선택은, 당시의 나에게 다른 선택지가 있었을까? 아니면 지금의 내가 더 많은 것을 알게 되었기 때문에 생긴 감정일까?

• 오늘의 깨달음을 내일의 행동 하나로 바꾼다면, 가장 작고 현실적인 변화는 무엇일까?

✦ 용기가 하는 것 ✦

용기란

자신이 두려워하는 것을 하는 것이기에

두려움이 없으면 용기도 없다

✦ 사색의 시간, 사유의 질문

- 지금 피하고 있는 두려움은 나를 지키기 위한 것일까 아니면 나를 멈추게 하는 것일까?

- 두려움을 안고서도 내가 끝내 선택해 온 행동에는 어떤 공통된 가치가 숨어 있을까?

✦ 가능성의 연결 통로 ✦

우리의 가능성은 무한하고

그 연결 통로는 용기다

모든 어려움을

도움이 되게 만드는 것이 용기다

✦ 사색의 시간, 사유의 질문

• 나는 두려움을 없애려 하는가 아니면 두려움 속에서도 건너가려는 용기를 선택하려고 하는가?

____

• 지금 내 앞의 어려움은 언젠가 '도움이 되었다'라고 말할 가능성을 품고 있는가?

____

✦ 어쩌면 인생 ✦

어쩌면 청춘이란

목적지에 도착하지 않은

모든 인생을 뜻하는 말인지도 모르겠다

모험이 부족하면 좋은 어른이 될 수 없다

모험이 있는 인생이 재미있는 것 아니겠는가

✦ 사색의 시간, 사유의 질문

• 나는 '안전해서' 이 길을 걷고 있는 걸까 아니면 '두려워서' 다른 길을 피하고 있는 걸까?

____

• 언젠가 도착했을 때, 나를 설명하는 것은 '결과'일까 아니면 감행한 모험의 '흔적'일까?

____

✦ 부끄러움에 대하여 ✦

기나긴 인생길을 걷다 보면

순간순간 자기를 속이거나

게으름에 빠지기도 한다

그것이 부끄러운 것이 아니라

자꾸만 그 길에서

벗어나지 못하는 것이

부끄러운 것이다

- 나는 '잠깐의 흔들림'과 '반복되는 회피'를 어떻게 구분하고 있는가? 혹시 스스로를 이해한 다는 명목으로, 벗어날 용기를 미루고 있지는 않은가?

- 내가 머물러 있는 이 길은 피곤해서 잠시 앉아 있는 자리인가 아니면 익숙해져서 눌러앉 아 버린 자리인가? 만약 후자라면, 그 자리를 떠나지 못하게 붙잡고 있는 것은 무엇인가?

✦ 쉼과 치유의 시간 ✦

인생의 고달픔을 온전히 피할 수는 없지만

그것을 어떻게 받아들이고 극복해 나갈지는 선택할 수 있다

고통 속에서도 감사할 것을 찾고

일상의 작은 기쁨을 소중히 여기는 자세가 필요하다

때로는 잠시 멈춰서 자신을 돌아보는

쉼과 치유의 시간을 가지는 것도 필요하다

✦ 사색의 시간, 사유의 질문

• 지금 삶의 고달픔 속에서도 내가 감사할 수 있는 것은 무엇이며, 얼마나 자주 의식하고 있는가?

___

• 당연하게 흘려보내고 있는 일상의 작은 기쁨 중에서 나를 가장 많이 지탱해 주는 것은 무엇인가?

___

✦ 비워야 채워진다 ✦

마음을 비운다는 것은

명료한 마음이 있는 것이다

생각이 문제가 아니라

생각에 집착하는 게 문제다

상황이 문제가 아니라

태도가 문제다

타인 때문에 힘든 게 아니라

자기 마음 때문에 힘든 것이다

내려놓음은 포기가 아니라

받아들임이다

✦ 사색의 시간, 사유의 질문

• 내 마음을 가장 힘들게 만드는 것은 '상황'인가 아니면 그 상황을 바라보는 나의 '해석'과 '집착'인가?

____

• 내가 내려놓지 못하고 붙들고 있는 생각 하나를 놓아 준다면, 어떻게 달라질까?

____

✦ 풍경을 놓치는 이유 ✦

잠시 머물러 보면

떠도는 생각과 마음을 잡을 수 있다

우리가 풍경을 놓치는 이유는

너무 급하게 빠르게 걷기 때문이다

✦ 사색의 시간, 사유의 질문

• 오늘 바쁘게 걷느라 놓친 순간이나 풍경이 있었는가? 그 순간을 느꼈다면 내 마음은 어떻
게 반응했을까?

• 마음을 붙잡기 위해 잠시 멈춘다면, 내 안의 떠도는 생각과 감정 중 무엇이 진짜 나를 이끄
는 것일까?

02

몰입의 태도

✦ 인간다움 ✦

자신을 살피는 일을 하지 않으면

인간다움을 잊어 동물적 근성만 키우게 되므로

안과 밖으로 자신을 살피는 일을 게을리하지 않아야 하겠다

- 지금 내 안의 무엇을 외면하고 있는가? 그 외면은 나를 더 인간답게 만드는가 아니면 본능에 맡기게 하는가?

- 타인의 시선과 사회의 요구 속에서 살아가면서도 얼마나 자주 '나 자신에게 정직한 질문'을 던지고 있는가?

✦ 나만의 꽃 ✦

'어떻게 살 것인가'라는

삶의 가치관이나 철학 하나쯤은 갖고 있어야 하겠다

그래야만 다가올 미래에

자신만의 아름다운 꽃을 피울 수 있을 것이기에

✦ 사색의 시간, 사유의 질문

• 지금 가장 애써 지키고 있는 것은 과연 앞으로도 끝까지 지켜 줄 가치가 있는 것일까?

____

• 타인의 시선과 기대를 모두 내려놓았을 때, 나는 어떤 선택을 '후회 없이' 하고 있을까?

____

✦ 삶의 가치 ✦

믿음을 잃지 않은 삶은 가치가 있다

비로소 내 삶의 가치를 느끼게 될 그날을 위해

묵묵히 나의 길을 갈 뿐이다

✦ 사색의 시간, 사유의 질문

• 나는 무엇을 잃지 않기 위해 지금 이 길을 계속 걷고 있는가?

____

• 훗날 '가치 있었다'라고 말하게 될 순간은 어떤 선택에서 비롯되는가?

____

✦ 단순함의 만족 ✦

삶은 본질적으로 단순함에 있다

나의 삶에 더욱 만족하기 위해서는

자신을 최대한 단순화시켜 보면 좋다

✦사색의 시간, 사유의 질문

- 지금의 나를 복잡하게 만드는 것은 진짜 필요한 것인가 아니면 익숙해져 버린 습관이나 타인의 기대인가?

____

- 내 삶에서 하나만 덜어 낸다면, 무엇일 때 가장 나다운 여백이 생길까?

____

✦ 순간의 최선 ✦

삶과 인생은 소유가 아니라

시간의 흐름에 따라 살아가는 것이다

집착하면 삶과 인생이

사라지고 없어지는 것을 두려워하게 된다

집착하지 않으면

삶의 부재를 두려워하지 않게 되어

보다 더 긍정적으로 살아가게 된다

삶과 인생을 소유하려 들지 말고

그 순간을 최선을 다해 살자

✦ 사색의 시간, 사유의 질문

• 지금 '살아가고' 있는가 아니면 삶을 붙잡아 소유하려 애쓰는가? 그 집착의 정체는 무엇인가?

• 사라짐을 두려워하게 만드는 것은 대상 그 자체일까 아니면 그것을 잃을 수 없다고 믿는 나의 태도일까? 집착을 내려놓는다면, 내 삶의 감정은 어떻게 달라질까?

✦ 진정 원하는 삶 ✦

당신이 진정 원하는 삶을 살아라

한 번뿐인 소중하고 귀한 인생이다

✦ 사색의 시간, 사유의 질문

• 지금의 선택 중에서 진짜 '내가 원해서' 하는 것은 무엇이며 그 이유는 무엇일까?

• 실패나 평가가 존재하지 않는다면, 나는 어떤 삶을 살고 있을까? 왜 그 삶을 아직 미루고 있을까?

✦ 저마다의 자리 ✦

모두에게는 저마다의 자리가 있다

그리고 각자 그 자리에서

최선을 다하며 살아갈 뿐이다

• 지금 이 자리는 내가 선택해 온 결과일까 아니면 흘러온 끝에 도착한 곳일까?

____

• 나는 어떤 태도로 하루를 살았을 때 최선을 다했다고 느끼는가?

____

✦ 애쓰는 만큼의 성장 ✦

준비하는 시간은

결코 낭비하는 시간이 아니다

자신이 애쓰는 만큼

준비라는 일련의 과정이 성장을 가져오고

그 성장은 성공을 일으킨다

✦ 사색의 시간, 사유의 질문

• 지금 쏟고 있는 준비의 시간은 훗날 나를 어떤 사람으로 바꿔 놓을까?

____

• 결과가 당장 보이지 않더라도, 이 과정을 스스로 의미 있다고 말할 수 있을까?

____

관심의 방향

'어떻게 살아가느냐'보다

'무엇이 될까'에

더 큰 관심을 두고 살아간다

• 내가 되고 싶어 집착해 온 '무엇'은 혹시 지금의 삶을 미루기 위한 핑계는 아니었을까?

____

• 아무것에도 구애받지 않는다면, 나는 오늘 어떤 태도로 살아가고 싶을까?

____

✦ 매일의 독서 ✦

몸을 통제할 수 있었고

마음을 가다듬을 수 있었으며

마음이 차분해지자

하루를 유연하게 컨트롤할 수 있었다

매일의 독서로

하루를 조절하는 데 익숙해졌고

일주일을 통제할 수 있었으며

지금은 꾸준하게 매일 독서의 리듬으로 살아가며

글까지 쓰고 있는 삶을 살고 있다

✦ 사색의 시간, 사유의 질문

• 나의 하루는 무엇에 의해 가장 쉽게 흔들리고, 무엇에 의해 가장 단단해지는가?

____

• 나는 시간을 통제하고 있는가 아니면 반복되는 리듬 속에서 시간과 공조하고 있는가?

____

✦ 한정된 시간 ✦

한정된 시간을

무가치한 일에 허비하지 말자

시간은 한눈팔지 않으며

멈추는 법이 없고 되돌릴 수도 없다

✦ 사색의 시간, 사유의 질문

- 지금 내가 시간을 쓰고 있는 이 일은, 미래의 나에게 어떤 흔적으로 남을까?

- 오늘 하루가 다시 오지 않는다는 것을 완전히 받아들인다면, 나는 무엇을 멈추고 무엇을 선택할까?

✦ 나란 존재 ✦

내가 나 자신을 사랑하지 않는데

어떻게 타인이 나를 사랑하기를 바라겠는가

나란 존재는 그 무엇과도 바꿀 수 없으며

황금으로도 살 수 없는 존귀한 몸이다

또한 단 한 번밖에 주어지지 않는 삶이니

열심히 살아야 한다

✦ 사색의 시간, 사유의 질문

- 나는 언제부터 나 자신을 사랑하는 조건을 타인에게 맡겼는가?

____

- 단 한 번뿐인 이 삶에서, 끝까지 지키고 싶은 '나의 존엄'은 무엇인가?

____

✦ 매일의 질문 ✦

매일의 삶을 아무런 문제없이

살아갈 방법은 없는지

애정과 관심과 염려하는 마음으로

스스로에게 진지하게 질문을 던져 보자

그리고 자신과 마주하자

우리는 보이지 않고 알 수 없는 내일을 향해

희망과 두려움을 동시에 안고 살아간다

✦ 사색의 시간, 사유의 질문

• 나는 '문제없는 삶'을 바라는 걸까 아니면 문제 속에서도 나를 지켜 주는 기준을 찾고 있는
걸까?

____

• 희망과 두려움을 동시에 안고 있는 지금의 나는, 스스로에게 얼마나 애정 어린 시선으로
말을 걸고 있는가?

____

✦ 한 줄기 빛 ✦

비논리적이고 비이성적이며

자기중심적일지라도

답답한 요지경의 세상일지라도

나는 내가 사는 이 세상에

한 줄기 빛이 될 수 있다는

희망을 잃지 않아야 한다

✦ 사색의 시간, 사유의 질문

• 내가 '한 줄기 빛'이 되었다고 느꼈던 순간은 언제였고, 그때 나는 무엇을 선택했는가?

____

• 나는 희망을 잃지 않기 위해 무엇을 붙잡아야 하고, 반대로 무엇을 놓아야 하는가?

____

✦ 내가 가는 길 ✦

불확실하더라도 우리는 가야만 한다

내가 가는 이 길이 나의 길이 되고

그 길에 내가 꿈꾸는 미래가 있으니

나를 믿고 가야 한다

✦ 사색의 시간, 사유의 질문

• 내가 두려워하면서도 끝내 포기하지 못하는 이 길은 무슨 이유로 '내 길'이 되려 하는
  걸까?

____

• 미래에 대한 확신이 없을 때도 나를 계속 걷게 만드는 믿음은 어디에서 비롯된 걸까?

____

나다운 삶

자기중심적인 삶에서 벗어나

주변의 사람들과 더 깊은 관계를 맺고

삶과 사람을 더 깊이 이해함으로써

스스로가 더 현명해졌다고 느꼈다

✦ 사색의 시간, 사유의 질문

• 지금까지 '나다운 삶'을 살고 있다고 말할 수 있을까 아니면 누군가의 기대에 맞춘 삶을 살
아오진 않았을까?

____

• 내가 진짜로 중요하게 여기는 가치는 무엇이며, 내 선택과 방향에 얼마나 반영되고 있
을까?

____

✦ 마주하기 ✦

안락함에서 깨어나기

갇혀 있는 생각에서 벗어나기

경계에 서서 안과 밖을 바로 보기

매일 똑같은 일상의 반복 속에

오늘은 조금 다른 모습으로 그려 보기

그리하여 진실과 마주하기

✦ 사색의 시간, 사유의 질문

• 그동안 '안락함'이라고 부르며 머물러 온 것은 편안함이었을까 아니면 '익숙함'이라는 이름의 회피였을까?

____

• 지금 서 있는 경계에서 안과 밖을 동시에 바라볼 때, 그동안 보지 않으려 했던 진실은 무엇일까?

____

✦ 진실을 살펴보는 용기 ✦

우리는 스스로 만들어 낸 생각들에 갇힐 때가 있다

지금 내가 믿고 있는 것이

진실인지 살펴보는 용기를 가지자

✦ 사색의 시간, 사유의 질문

• 지금 '사실'이라고 믿는 생각은 어떤 경험이나 감정에서 만들어졌는가? 그 출발점이 지금
의 나에게도 여전히 유효한가?

___

• 그 믿음을 내려놓는다면, 내가 잃을 것과 대신 얻을 수 있는 것은 무엇인가? 나는 무엇이
두려워서 그 생각을 계속 붙잡고 있는가?

___

✦ 마음 ✦

허름해 보이는 사람에게도

비범한 면이 숨어 있을 수 있다

배우고자 하는 사람에게

세상은 넓고 스승은 많다

배우기를 즐기는 마음이

곧 지혜로운 사람의 마음이다

마음을 열면 눈도 열리고

마음을 닫으면 눈도 감긴다

✦ 사색의 시간, 사유의 질문

• 나는 무엇을 보기 위해 마음을 열고, 무엇을 보지 않기 위해 마음을 닫고 있을까?

• 눈에 보이지 않는 진실은 마음이 열릴 때만 드러나는 것일까 아니면 항상 그 자리에 있었
  는 데도 외면해 온 것일까?

✦ 스스로에 대하여 ✦

스스로가 똑똑하다 여길 때

스스로가 정의롭다 여길 때

남들이 자기를 모른다 여길 때

인간은 가장 어리석은 짓을 한다

반대로 스스로가 부족하다 여길 때

인간은 가장 현명한 선택을 한다

스스로를 낮추려는 사람은 높아지고

높이려는 사람은 낮아진다

✦ 사색의 시간, 사유의 질문

• '옳다'라는 확신 때문에 다른 가능성을 스스로 차단해 본 적이 있는가? 그 확신은 진리였
  는가 아니면 나를 편하게 만드는 믿음이었는가?

____

• 내가 스스로를 낮춘다고 말할 때, 겸손인가 아니면 비난을 피하기 위한 또 다른 자기방어
  였는가?

____

✦ 마음 그릇 ✦

마음 그릇을 크게 하는 좋은 방법이 있다

그것은 비우는 것이다

비우는 만큼 마음은 커진다

비워서 커지고 커지면서 비워지기에

사람도 인연도 관계도 사랑도 들어오고

세상도 들어오고 온갖 일들도 다 들어온다

그 어느 것이 오더라도 다 받아들인다

그만큼 마음도 커지고 덩달아 나도 커진다

✦ 사색의 시간, 사유의 질문

• 나는 무언가를 더 가지기 위해 애쓰느라 비우지 못한 것이 있는가?

____

• 내 마음이 가장 가벼웠던 순간은, 무엇을 내려놓았을 때인가?

____

✦ 마음의 자세 ✦

마음의 자세만 바꾸면 세상이 밝아진다

행복과 성장을 위해

고통과 어려움은 당연하고 피할 수 없는 것이며

자연스럽고 좋은 것이다

✦ 사색의 시간, 사유의 질문

- 지금 겪고 있는 어려움은, 나를 어떤 방향으로 성장하게 만드는가?

____

- 고통을 자연스러운 통과의례로 받아들인다면, 나는 무엇을 다르게 선택할 수 있는가?

____

✦ 경험이란 ✦

젊어서 고생은 사서도 한다는 말이 있다

말 그대로 젊은 시절의 고생은

미래의 발전을 위하여 좋은 경험이 되므로

달게 여기라는 뜻이다

젊어서 고생은 금 주고도 못 산다는 말처럼

경험은 금보다 더 소중하고 값지다

경험은 자기가 만드는 것이다

✦ 사색의 시간, 사유의 질문

• 선택하지 않음으로써 (침묵, 미루기, 관망도 하나의 선택이라는 전제) 지금 무엇을 선택하고 있는가?

____

• 지금의 나를 만드는 경험 중에서 '의미를 부여했기 때문에' 중요해진 것은 무엇인가? 경험의 크기보다 해석이 지금의 나를 만든 것은 아닐까?

____

✦ 인생의 맛 ✦

인생은 기나긴 여행과 같습니다

오르막길이 있으면 내리막길도 있고

비가 올 때도 있고 눈보라 칠 때도 있으며

눈부신 날이 있으면 우울한 날도 있습니다

달고 짜고 맵고 시고 쓴맛 모두

인생의 참맛이지 싶습니다

조화로운 인생의 맛들을 음미할 줄 아는 것

또한 인생의 축복이지 싶습니다

✦ 사색의 시간, 사유의 질문

- 나는 어떤 순간을 판단하며 지나쳐 왔을까? 그 안에 맛보지 못한 감정은 무엇일까?

- 인생의 한 시기가 특정한 '맛'으로 남는다면, 이 시기는 어떤 맛으로 기억되고 싶을까? 그 맛을 스스로 선택할 수 있을까?

✦ 연민의 눈 ✦

상처투성이가 된 다음에야

자신을 연민의 눈으로 바라보며

미소 짓게 되는 것이 인생이니 말이다

✦ 사색의 시간, 사유의 질문

• 나는 어떤 상처를 지나온 뒤에야 비로소 나 자신을 이해하게 되었는가?

____

• 지금의 나는 과거의 나를 연민의 눈으로 바라볼 수 있을 만큼 성장했는가?

____

✦ 다행스러운 결말 ✦

새로 시작하는 시기엔

하루도 허투루 보내지 말자

솔직하되 불평불만은

서랍 구석에 넣어 두도록 하자

누구라도 처음엔 다

실수할 수 있는 거니까

자신을 믿고 살다 보면

모두에게 다행스러운 결말이

기다리고 있을 것이라 말해 주고 싶다

✦ 사색의 시간, 사유의 질문

• 나 자신을 믿으며 살아온 순간이 있었을까 아니면 믿고 있다고 스스로에게 말해 왔을까?

____

• '다행스러운 결말'이란, 내가 바라는 모습일까 아니면 견딘 시간을 정당화하기 위해 붙인
  이름일까?

____

Date.   /   /   /

✦ 행동하는 사람, 생각하는 사람 ✦

강가에서 물고기를 보고 탐내는 것보다

돌아가서 그물을 짜는 것이 옳은 것처럼

행동하는 사람처럼 생각하고

생각하는 사람처럼 행동하자

• 나는 강가에서 물고기를 바라보고 있는가 아니면 그물을 짜고 있는가? 현재의 고민이나 목표 앞에서, 감정과 욕망에 머무르고 있는가 아니면 준비와 행동으로 옮기고 있는가?

• 내 행동은 충분한 생각에서 나왔는가? 그 생각은 행동으로 이어지고 있는가? 사유가 현실을 외면하지 않는가 아니면 행동이 충동이나 습관에만 기대고 있는가?

✦ 관심이 있으면 ✦

관심이 있으면

집중하게 되고

집중하면 힘이 생기고

힘이 모이면 현실이 된다

관심을 두고 행동하면

자신이 원하는

그 무엇을 이루게 된다

✦ 사색의 시간, 사유의 질문

• 지금 관심을 가장 많이 차지하고 있는 것은, 진정 내가 원하는 것인가 아니면 익숙해져서
붙들고 있는 것인가?

____

• '현실이 되길 바란다'고 말해 온 것 중에서 실제로 행동으로 옮긴 것은 무엇이고, 반대로 그
행동을 막아 온 이유는 무엇인가?

____

✦ 깊이 있는 삶 ✦

사색은 정신적인 양식과 같아

자신을 살피는 눈을 기를 수 있고

지혜의 혜안을 얻을 수도 있다

사색은 인간의 위대한 예술의 하나로써

당신을 품격 있는 삶으로 이끌어 줄 것이며

자신의 내면을 탄탄히 하는 일이기에

깊이 있는 삶을 살아가게 해 줄 것이다

✦ 사색의 시간, 사유의 질문

• 나는 지금 무엇을 놓치고 살아가고 있는가?

____

• 깊이 있는 삶이란 무엇이며, 그것은 어떻게 만들어지는가?

____

✦ 세상을 대하는 자세 ✦

잊지 말자

높이 올라가고 싶다면

가장 낮은 자세로

세상을 대해야 한다

- 스스로 높아 보이기 위해 행동하고 있는가 아니면 낮아질 줄 알기 때문에 성장하고 있는가?

____

- 끝까지 낮은 역할을 선택한다면, 그 선택은 나를 어떻게 변화시킬 것인가? 그 과정에서 나는 무엇을 지키고, 무엇을 내려놓게 될까?

____

✦ 삶의 방향성 ✦

성공은 성공으로 가는 과정 속에서 배우는 것들로 인해

결국 더 나은 자신을 만들어 준다

꿈과 성공은 욕망이 아니라 삶의 방향성을 찾는 과정이다

✦ 사색의 시간, 사유의 질문

• 나는 성공이라는 결과를 좇고 있는가 아니면 성장시키는 과정 속에 있는가?

• 이루고 싶은 꿈은 단순한 욕망인가 아니면 삶의 방향을 보여 주는 의미 있는 목표인가?

03

관계의 태도

✦ 행복에 대하여 ✦

우리는 누군가를 기쁘게 할 수도

슬프게 할 수도 화나게 할 수도 있지만

타인을 기쁘게 하는 것만큼

자신이 행복해지는 일은 없다

기쁨이 늘 일상에서 함께한다면

기쁨은 누군가에게 전이되어

슬플 일도 화날 일도 줄어들지 않을까

✦ 사색의 시간, 사유의 질문

• 나는 누군가를 기쁘게 만드는 일을 했는가?

____

• 누군가를 기쁘게 만들어서 얻는 나만의 행복은 무엇인가?

____

✦ 우주의 질서 ✦

수많은 별은 우주의 질서에 의해 공존한다

지구는 태양 주변을 쉬지 않고 돌아야 한다

멈추는 순간 지구의 운명은 끝이 나고

그 끝은 곧 멸망을 뜻하는 거니까

그것이 사람이든 자연이든 간에

존재하는 모든 것은 항상 끊임없이 움직여야 한다

✦ 사색의 시간, 사유의 질문

• 나는 내 삶에서 끊임없이 움직이는가 아니면 멈춰 있는가?

____

• 나를 살아 있게 만드는 '움직임'은 무엇인가?

____

DAY 03

✦ 달빛을 낚다 ✦

삶이란 단 한 마리의 물고기도

잡을 수 없는 불운이 계속될 수도 있다

아무것도 건져 올리지 못한

배 위에는 허공이 아니라

달빛이 가득 실려 있다는 것을

깨닫게 되는 것처럼

깨달음은 심오하다

✦ 사색의 시간, 사유의 질문

• 우리가 실패라고 이름 붙인 순간 속에서, 사실은 이미 어떤 빛을 얻고 있었던 것은 아닐까?

____

• 아무것도 건져 올리지 못했다고 느낄 때, 무엇을 보지 않으려 애써 왔을까?

____

✦ 평생 함께한다는 것 ✦

누군가와 평생을 함께한다는 것은

그 정도의 단단한 각오가 필요한 일이다

아름답고 매너 있는 겉모습과

달콤한 말에 끌려 일단 시작했지만

끝낼 수 없는 게 인생 반려자라는 존재다

자신의 모든 부분을 나눌 수 있고

상대방의 모든 것을 받아들일 수 있는

전인격적 마음이어야 한다

✦ 사색의 시간, 사유의 질문

• 설렘이 사라진 자리에서 어떤 이와 함께 남아 있고 싶은가? 그 이유는 무엇인가?

____

• 이 관계에서 내가 지키려는 것은 사랑인가 아니면 외로움을 피하려는 선택인가?

____

✦ 나 또한 누군가에게 ✦

그 사람은 그 인연은

하늘이 나를 보다 더 사랑하라고 보내 준

특별하고도 고귀한 사람이다

나 또한 누군가에게 그런 사람이다

✦ 사색의 시간, 사유의 질문

• 지금까지 '하늘이 보내 준 사람'을 어떻게 사랑해 왔는가? 그 사랑은 나를 어떤 사람으로
변화시켰는가?

• 누군가에게 특별하고 고귀한 존재가 되기 위해, 나는 오늘 어떤 태도로 나와 세상을 대하
고 있는가?

✦ 내 인생의 봄 ✦

그 어떠한 노력 없이는

어떤 시절과 인연도 봄날이 될 수 없다

내 인생의 봄을 선물할 수 있는 사람은

오직 나 자신뿐이다

내 인생의 봄날에 만난 모든 인연을

소중히 여기고 사랑하자

✦ 사색의 시간, 사유의 질문

• 나는 '봄이 오기를 기다리는 사람'이었을까 아니면 '봄을 만들기 위해 움직여 온 사람'이었을까? 그 차이를 가른 순간은 언제였을까?

• 내 인생의 봄날에 스쳐 간 인연 중에서 충분히 사랑하지 못했다고 느끼는 존재는 누구이며, 그 이유는 무엇인가?

✦ 성숙한 성장 ✦

누구와 어떻게 관계를 맺고 살아갈 것인가를 묻는 동시에

나는 어떤 사람인가를 먼저 생각해 보고 답을 찾는다면

그 답은 그리 어렵지 않을 것이다

공정하고 균형 잡힌 인간관계를 유지하는 데

필요한 경계 설정과 다면적 인간관계를 통해

단절된 개인과 한정된 범위의 관계 속에서

성숙한 인간으로 성장해 가는 과정을 만날 수 있다

✦ 사색의 시간, 사유의 질문

- 타인과의 관계 속에서 얼마나 스스로를 지키면서 동시에 열어 두고 있는가? 관계를 위해 스스로를 지우거나 벽을 쌓고 있지는 않은가?

- 지금의 인간관계는 나를 성장시키는 방향으로 흐르고 있는가 아니면 익숙함에 머무르게 만드는가? 안정과 성장이 충돌할 때 나는 어떤 선택을 반복해 왔는가?

✦ 소중함에 대하여 ✦

지금의 사회는 이미 가지고 있는 것을 하찮게 여기고

더욱더 욕심을 부추기고 있다

자신이 지니고 있는 진귀한 재능을 알아

귀하게 여길 줄 알아야 하고

관계들을 소중하게 아낄 줄 알아야 한다

✦ 사색의 시간, 사유의 질문

• 무엇을 더 가지기 위해 달리고 있는가? 그 과정에서 이미 가진 것을 무심코 지나치지는 않았는가?

____

• 삶에서 '성과'나 '비교'와 무관하게 그 자체로 충분히 귀하다고 말할 수 있는 것은 무엇인가?

____

✦ 마음의 성장 ✦

아이러니하게도 관계에서 오는 다양한 스트레스는

마음을 성장시키는 자양분이 되고

다음에 더 좋은 관계를 맺을 수 있는 성장의 발판이 된다

누군가 내 마음에 지속해서 상처를 내고 있다면

자신을 보호하는 지혜의 손절이 필요하다는 신호다

✦ 사색의 시간, 사유의 질문

• 지금까지 관계에서 스트레스를 받은 적이 있는가? 그로 인해 내 마음은 어떻게 달라졌을까?

____

• 성장을 위한 불편함과 나를 소모하는 상처를 가르는 나만의 기준은 무엇인가?

____

✦ 함께 살아가는 ✦

돌아보면 화살이 어디

내 가슴에만 박혔을까

내가 함부로 쏘아 댄 화살도

적지 않을 것이다

나로 인해 잠 못 이루며

괴로워하는 이가 어딘들 없을까

나로 인해 마음 아파하는 이가 없기를 바라며

세상 속에서 사람들과 함께 살아가는 우리다

✦ 사색의 시간, 사유의 질문

• 나는 상처 주지 않으려는 마음과 나 자신을 지키는 일 사이에서 언제 흔들리는가?

____

• 함께 살아간다는 것은 서로를 이해하는 일일까 아니면 이해하지 못함을 견디는 일일까?

____

✦ 각자의 시기 ✦

동백은 가장 늦게 피는 꽃이요

매화는 가장 처음 피는 꽃이다

봄의 초입 문턱을 함께하는 두 꽃처럼

그런 힘을 지니려면 홀로 있는 시간을

오롯하게 잘 보내야 한다

눈서리에도 당당한 동백과 매화처럼

✦ 사색의 시간, 사유의 질문

• 시작의 용기와 끝의 인내 중 무엇이 더 큰 가치를 가진다고 믿고 있는지 스스로에게 물어
본 적이 있는가?

____

• 동백과 매화처럼 각자의 때가 정해져 있다면, 인간에게도 늦음이나 빠름이라는 기준이 과
연 필요한가?

____

✦ 독서란 만나는 것 ✦

독서란

읽는 것과 보는 것이 아니라

만나는 것이다

✦ 사색의 시간, 사유의 질문

• 나는 지금까지 어떤 책을 '읽었다'라고 말하고, 어떤 책을 '만났다'라고 말할 수 있을까?

____

• 책 속에서 누군가를 만난 뒤 지금의 '나'는 이전의 '나'와 무엇이 달라졌는가?

____

✦ 그런 사람 ✦

어려움 속에서도 희망과 즐거움을 찾고

미워하면서도 사랑하려 애쓰며

슬퍼하면서도 포기하지 않고 다시 일어서고

나보다 타인을 함께를 모두를

생각하고 행동하는 그런 사람이 아닐는지

✦ 사색의 시간, 사유의 질문

• 미움과 슬픔을 느끼는 순간에도, 그럼에도 불구하고 사랑하고 다시 일어설지를 선택해 왔는가?

____

• 나를 지키는 일과 타인과 함께하려는 마음이 충돌할 때, 어떤 사람으로 남기를 선택해 왔는가?

____

✦ 어떻게 살아왔는가 ✦

무엇을 남겼는가가 아닌

어떻게 살아왔는가에 대한 물음에

우리는 결국 침묵하겠지만

남겨진 사람들은 먼저 간 이들의 삶을

오래도록 기억하고 있을 것이다

• 나는 무엇을 이루었는가가 아니라 어떤 마음으로 하루하루를 통과해 왔는가를 말할 수 있는가?

____

• 내가 떠난 뒤 사람들의 기억 속에 남을 '나'는, 어떤 표정과 온기를 지닌 사람이었을까?

____

✦ 자신만의 방식대로 ✦

인생의 목적과 깊은 의미를 깨닫고

우리가 존재하는 이유가 무엇인지 알게 되었다

우리는 모두 고유하며

자신이 누구인지 깨닫고

자신만의 방식대로 사는 것이

바른길임을 알게 되었다

자신의 방식대로 사는 것이 옳기 때문에

타인과 경쟁할 필요가 없다는 걸 깨닫게 되었다

✦ 사색의 시간, 사유의 질문

• 지금까지 나의 선택이라고 믿어 온 것 중에서 실제로는 타인의 기준이나 시선을 따라간 것은 무엇이었을까?

____

• 경쟁하지 않아도 괜찮다고 느끼는 순간, 내 삶에서 가장 또렷해지는 가치는 무엇일까?

____

✦ 기억해 주기를 바랄 뿐 ✦

상대에게 행복과 미소를 전염시켜

만나면 기분이 좋고 즐거워지는 사람

매일 아침 맞이하는

맑은 공기 같은 사람이 되고 싶다

그리하여 내가 떠난 뒤에

남아 있는 사람들이 나로 인해

조금 더 웃었다고

조금 더 행복했다고

조금 덜 아프고 슬펐다고

기억해 주기를 바랄 뿐이다

✦ 사색의 시간, 사유의 질문

• 누군가의 하루 중 나는 어떤 순간에 가장 자주 등장하는 사람일까?

____

• 누군가의 기억 속의 나는 어떤 느낌으로 남아 있을까?

____

✦ 진정한 믿음 ✦

진정한 믿음이란

나의 믿음이 과연 옳은 것인지

의심해 보는 것에서 시작된다

상대방에 대한 나의 생각들을 접어 두고

그의 마음을 들여다보려는 노력이 그것이다

✦ 사색의 시간, 사유의 질문

- '나는 믿는다'고 말할 때 정말로 믿고 있는 것은 무엇인가? 상대의 존재인가 아니면 내가 만들어 낸 해석인가?

- 내가 옳다는 확신을 내려놓지 못하게 만드는 두려움은 무엇이며, 그것은 나를 얼마나 보호하고 또 얼마나 가두고 있는가?

Date.   /   /   /

✦ 후회하고 깨닫는 순간 ✦

우리 앞에 놓인 삶이 얼마나

허망하고 짧은지를

곁에 있는 사람이 얼마나 소중한지를

후회하고 깨닫는 순간

비로소 성숙한 인생이 시작된다

✦ 사색의 시간, 사유의 질문

• 항상 함께하기에 당연하게 여기고 있는 사람이나 순간이 있는가? 그것을 잃지 않기 위해 할 수 있는 가장 작은 행동은 무엇일까?

• 후회가 나를 무너뜨린 순간과 성숙하게 만든 순간은 무엇이 달랐을까? 그 차이를 가른 것은 무엇인가?

✦ 나를 보는 힘 ✦

나를 보는 힘이 생기면

타인도 그렇게 볼 수 있게 되고

타인을 볼 수 있게 되면

그렇게 한 이유를 생각할 수 있게 되어

마음 또한 편안해진다

✦ 사색의 시간, 사유의 질문

• 나를 있는 그대로 보고 있는가 아니면 보고 싶은 모습만 골라 보고 있는가?

____

• 누군가의 말이나 행동이 불편할 때, 나는 그 사람을 평가하기 전에 그렇게 할 수밖에 없었던 이유를 얼마나 상상해 보았는가?

____

✦ 관계 안에서 행복한 이유 ✦

내 기준을 고집하고

내가 원하는 모습을 강요하기 때문에

가까운 사람과 갈등을 빚는다

있는 그대로 각자의 모습을 인정하자

그리고 오늘 그에게 이렇게 말해 보자

참 고마운 사람이라고

참 훌륭한 사람이라고

관계 안에서 행복해야 내 삶도 아름다워진다

✦ 사색의 시간, 사유의 질문

- 가족을 사랑한다는 이유로 나의 기준을 '이해'라고 착각하며 강요하지는 않았을까?

____

- 있는 그대로의 가족을 인정하지 못하게 만드는 내 마음속 두려움은 무엇이며, 그 두려움은 어디에서 시작되었을까?

____

✦ 인연의 관계 ✦

아무리 중요한 인연이라도 시절이 지나면

어떤 형태로든 작별을 고해야만 하는 것

이것이 우리 생에서의 인연의 관계다

• 떠나간 인연이 남긴 것 중에서 지금의 나를 가장 닮게 만든 것은 무엇일까?

____

• 인연의 끝이 피할 수 없는 것이라면, 왜 끝을 알고서도 관계를 시작하고 깊어지려 하는가?

____

✦ 선지식 ✦

다른 존재에 대한 감사와 사랑과 친절은

너무도 당연한 일이며

나를 살리는 길이기도 하다

곁에 있는 친구부터

보이지 않는 모든 생명까지

헤아릴 줄 아는 마음이야말로

바른 성품과 덕행을 갖추도록

수행자를 이끌어 주는 선지식善智識이다

✦ 사색의 시간, 사유의 질문

• 타인과 생명을 향한 감사와 친절을 의무로 실천하고 있는가 아니면 나를 살리는 선택으로
  체화하고 있는가?

____

• 지금 나를 바른길로 이끄는 선지식은 스승인가 아니면 마음의 태도인가?

____

✦ 좋은 인연 ✦

누구에게나 인간관계의 삶은 고단하니

좋은 인연에 기대고픈 마음이야 당연하다

마음을 나누어 서로에게 든든한 기둥이 되어 주고

그리움만으로도 모질고 거센

세상의 어려움을 이겨 낼 힘을 준다면

그런 인연은 존재만으로도 아름답다

• 혼자서도 버틸 수 있으면서 왜 여전히 누군가에게 기대고 싶어질까? 그 기대는 결핍일까 아니면 인간다움의 증거일까?

____

• 어떤 말과 행동도 없이 존재만으로 누군가에게 힘이 되는 관계가 가능할까? 그런 인연을 알아보는 눈을 가지고 있을까?

____

✦ 혼자라서, 함께라서 ✦

혼자라서 좋은 점이 있다면

혼자라서 불편하고 나쁜 점을

참고 견딜 줄 알아야 하듯이

함께라서 좋은 점이 있다면

함께라서 불편하고 나쁜 점도

참고 견딜 줄 알아야 한다

✦ 사색의 시간, 사유의 질문

• 나는 혼자일 때와 함께할 때, 어느 쪽의 불편함을 더 성숙하게 감당할 수 있는 사람일까?

____

• 사랑이나 결혼은 외로움을 덜기 위한 선택일까 아니면 불편함을 함께 견디기 위한 결단
  일까?

____

✦ 벗이 필요할 때 ✦

나이가 들수록 사랑하는 사람보다

벗이 필요할 때가 있다

만나기 전부터 벌써 가슴이 뛰고

바라보는 것에 만족해야 하는

그런 사람보다는

곁에 있다는 사실만으로 편안한

그런 사람이 더 그리울 때가 있다

• 왜 두근거림보다 편안함을 주는 사람에게 더 오래 머물고 싶어질까? 사랑과 우정, 설렘과
안정 어느 쪽이 삶을 더 풍요롭게 만드는가?

• 나이가 들면서 변하는 마음의 무게와 친밀함의 기준은 무엇을 말해 주는가? 나는 지금 곁
에 있는 사람에게 어떤 안식을 느끼고 있는가?

✦ 인간의 예의 ✦

가식적인 예의는 금세 티가 나기 마련이지만

진심으로 예의를 갖춰 사람들을 대한다면

사회적인 성공은 자연스럽게 따라온다

타인의 마음의 문을 여는 열쇠인 배려는

일상 속에서 몸에 밴 예의범절에서 나온다

예의는 인간을 만들고 지혜 있는 인간만이 예의를 안다

• 진심 어린 예의와 가식적인 예의의 차이가 인간관계와 사회적 신뢰에 미치는 영향은 무엇
  일까?

____

• 예의와 배려가 인간을 지혜로운 존재로 만드는 이유는 무엇일까?

____

✦ 오늘도 지치지 않는 ✦

빛나거나 화려하지도 않은

하루를 버티며 살아가는

애환이 깃든 곳곳의 사람들에게서

오늘도 지치지 않는

버티고 견디는 힘을 배운다

가혹한 삶의 모습 그 또한 삶이겠거니

✦ 사색의 시간, 사유의 질문

• 삶의 가혹함 속에서도 무엇을 배울 수 있는가? 매일 버티고 견디는 순간 속에서 단순히
  살아남는 것 이상의 의미를 발견할 수 있는가?

• 타인의 고단함에서 얻는 힘은 나를 어떻게 변화시키는가? 주변 사람들의 애환을 목격하
  며 배우고 견디는 힘이 나의 내면과 선택에 어떤 영향을 미치는가?

✦ 인생의 고달픔 ✦

인생의 고달픔은

우리를 더 강하게 하고

타인에 대한 공감 능력이 있는 사람으로 만들어 준다

• 내가 겪은 고통이나 실패 중 지금의 나를 만든 경험은 무엇이며, 그것이 어떻게 변화시켰
  는가?

____

• 내가 이해할 수 없는 누군가의 감정을 마주했을 때, 얼마나 진심으로 그 사람의 처지에서
  생각하고 있는가?

____

✦ 보이는 것과 보이지 않는 것 ✦

우리가 어떤 모습으로 살아갈지는

아무도 모를 일이다

그러니 떨리고 창피해도 시도해 보자

사과 속의 씨앗은 셀 수 있어도

씨앗 속의 사과는 셀 수 없기에

• 잠재된 가능성은 실제로 존재하는 것과 같은 의미가 될 수 있는가?

• 관찰할 수 없는 잠재적 존재를 셀 수 없다고 단정하는 것은 타당한가?

✦ 고독의 선물 ✦

잠시 지나가는 외로움에 너무 연연하지 말자

좋고 나쁘고 외롭고 우울한 감정은 잠시 지나가는 버스라고 받아들이자

자의든 타의든 혼자 지내야 하는 사람들이 늘어나는 세상이다

언제까지 혼자라는 호사를 누릴 수 있을지는 모르지만

혹 당신 또한 고독의 선물을 받는다면 스스로에게 말해 주자

"괜찮아, 혼자면 어때"라고

✦ 사색의 시간, 사유의 질문

• 나는 혼자 있는 순간, 어떤 나를 발견하는가? 그 발견이 삶에 어떤 의미를 더하는가?

____

• 내 마음속에 스쳐 가는 감정들은 무엇을 말하는가? 그 감정을 붙잡지 않고 흘려보낸다면
  무엇을 얻을 수 있는가?

____

✦ 내면의 경고음 ✦

내면에서 경고음이 느껴질 때

귀를 막기보다는 무엇이 잘못되었는지

한 번 더 생각해 보고 행동하게 되었다

<u>스스로가 적극적으로 관여하여</u>

인생을 만들어 나가고 있다는 생각이 들고

그렇게 할 때 모든 일이

더 잘된다는 사실을 깨닫게 되었다

나름대로 최선을 다하고 있다는 사실을 깨달음으로써

더 너그러워진다는 사실도 알게 되었다

✦ 사색의 시간, 사유의 질문

- 일상에서 느끼는 내면의 경고음은 무엇이며, 그것을 무시하지 않고 마주했을 때 내 삶과 선택은 어떻게 달라질 수 있을까?

- 모든 사람이 불완전하다는 사실을 받아들일 때, 타인과의 관계에서 어떤 변화와 성장을 경험할 수 있을까?

04

성장의 태도

✦ 넘어짐은 실패가 아닌데 ✦

유도에서처럼 잘 넘어지는 법을 먼저 배워야 하지만

어리석게도 넘어지지 않으려고만 안간힘을 쓰며 살아간다

한번 넘어지면 다시 일어서기 어렵다고 생각하면서 말이다

사람은 누구나 넘어지는데 말이다

넘어짐은 실패가 아닌데 말이다

넘어지면 그냥 다시 일어서면 되는데 말이다

✦ 사색의 시간, 사유의 질문

• 나는 넘어짐을 실패로 여기며 두려워하고 있지는 않은가?

____

• 지금 다시 일어서기 위해 필요한 용기는 무엇인가?

____

✦ 고통에 대하여 ✦

고통은 이해하는 것도 분석하는 것도

아는 것도 아닌 버티고 견뎌 내는 것이다

• 지금 견뎌야 할 고통을 회피하고 있지는 않은가?

• 이 순간을 버티며 배울 수 있는 것은 무엇인가?

✦ 인생관 ✦

사람마다 자신에게 처한 상황이나 일어난 일을

어떻게 받아들이느냐는 천양지차다

어떻게 받아들이느냐에 따라

인생이 불행해지기도 행복해지기도 한다

불운한 상황에서도 긍정적이고 희망차게 받아들여

날마다 충실하게 살아가는 이가 있는가 하면

탓을 하고 푸념하면서 부정적으로 받아들이며 사는 이도 있다

이러한 받아들임을 '인생관'이라 한다

✦ 사색의 시간, 사유의 질문

• 지금까지 살아오면서 상황이 발생했을 때 어떻게 받아들였는가? 그 받아들임의 방식이
  나의 삶과 감정에 어떤 영향을 주었는가?

___

• 같은 상황이라도 긍정적으로 받아들이는 사람과 부정적으로 받아들이는 사람의 차이는
  어디에서 비롯되는가?

___

✦ 무엇이 어려운 일인가 ✦

"무엇이 어려운 일인가"라는 질문에

"자기 자신을 아는 것"이라 대답하고

"무엇이 쉬운 일인가"라는 질문에

"타인에게 충고하는 일"이라고 대답하는 것처럼

자기 자신을 잘 아는 것 같아도 실상은 그렇지 않다

✦ 사색의 시간, 사유의 질문

• 다른 사람에게는 쉽게 충고하면서도 정작 나 자신의 행동이나 생각은 충분히 돌아보지 않 았던 경험이 있는가? 그때 나는 어떤 태도를 보였는가?

____

• 사람들이 타인에게 충고하는 것은 쉽지만 자기 자신을 아는 것은 어렵다고 말하는 이유는 무엇일까?

____

그때의 후회 대신

그때 공부를 더 했어야 한다는 후회가 든다면

지금 공부를 하면 된다

그때 그 사람을 더 사랑했어야 했다는 후회가 든다면

지금 내 곁에 있는 사람을 더 사랑하면 된다

그렇게 내 인생에 봄날을 선물하면 된다

✦ 사색의 시간, 사유의 질문

• 나는 과거의 어떤 후회를 붙잡고 있으며, 그것을 오늘의 어떤 행동으로 바꿀 수 있을까?

____

• 지금 내 곁에 있는 사람과 삶의 순간을 따뜻하게 만들기 위해 무엇을 할 수 있을까?

____

✦ 향기를 품는 삶 ✦

살아가는 동안 자기답게 잘 살아가야 한다

그 누군가에게 의미가 되고 가치가 있는

사회에도 꼭 필요한 존재가 된다는 것은

꽃과 같이 심금을 울리는 향기를 품는 삶이다

✦ 사색의 시간, 사유의 질문

• 나는 삶의 흐름에 맞추어 유연하게 살아가고 있는가 아니면 나의 방식만을 고집하고 있는가?

____

• 나의 존재로 인해 누군가의 마음에 향기처럼 남는 가치와 의미는 무엇일까?

____

✦ 삶의 균형 ✦

서로 조화롭게 균형을 이뤄야 온전한 삶을 살아갈 수 있다

조화롭게 삶을 살기 위해서는

나설 땐 나서고 물러날 땐 물러날 줄 알아야 한다

일을 하면서도 상황의 흐름에 맡기고

그것에 맞게 대처해 나간다면 삶의 균형을 이룰 수 있다

• 언제 나서고 언제 물러나야 하는지를 어떤 기준으로 판단하고 있는가?

• 지금 내 삶에서 균형이 깨져 있는 부분은 무엇인가? 그것을 조화롭게 만들기 위해 나는
  무엇을 바꿀 수 있을까?

✦ 마음 관리 ✦

마음도 관리나 운동을 하지 않으면

나이 들수록 퇴화 속도가 빨라져

머리도 아프고 몸과 마음도 지친다

급기야 대처할 방법도 잘 모르게 되며

그저 지금까지 해 왔던 대로

묵묵히 버티고 또 버틸 뿐이다

✦ 사색의 시간, 사유의 질문

• 지금까지 무엇을 위해 버텨 왔는가? 그 버팀은 정말 내가 원했던 삶을 위한 것인가 아니면 익숙함이나 책임 때문에 계속 이어 온 것인가?

• 앞으로 무엇을 내려놓고 무엇을 새로 선택하고 싶은가? 지금까지의 방식 중에서 계속 가져가고 싶은 것은 무엇인가? 지금이라도 바꿔 보고 싶은 것은 무엇인가?

✦ 실패를 바로잡는 용기 ✦

살다 보면 실수하고 실패하고 잘못된 선택을 할 때도 있다

그렇다고 자책하고 좌절할 필요는 없다

어차피 길은 하나가 아니니 목적지가 분명하다면

다시 경로를 재탐색해서 수정해 가면 된다

중요한 건 실패 자체가 아니라

실패했을 때 그것을 바로잡을 수 있는 용기다

✦ 사색의 시간, 사유의 질문

• 지금까지의 실패나 선택을 끝이라고 생각했는가 아니면 새로운 경험을 찾게 해 준 과정이
라고 받아들였는가?

———————————————————————————————————————

• 실패했을 때, 바로잡기 위해 다시 선택하고 행동할 수 있는 용기는 어디에서 오는가?

———————————————————————————————————————

✦ 큰 산을 넘는 방법 ✦

큰 산을 넘는 방법은

사실 그리 대단한 것이 아니다

그저 한 걸음 한 걸음 꾸준히 내딛는 것뿐이다

✦ 사색의 시간, 사유의 질문

• 지금까지 인생에서 내가 넘어야 할 큰 산은 무엇이며, 그 산을 넘기 위해 어떤 한 걸음을 내딛고 있는가?

____

• 목표를 이루기 위해 빠르게 가는 것과 꾸준히 가는 것 중에서 무엇을 더 중요하게 여기고 있는가? 그 이유는 무엇인가?

____

✦ 어른의 예의 ✦

사람이란 모름지기 자신이 한 일이나 말과 행동에

반드시 책임을 져야 한다

그것이 자신에 대한, 사람에 대한, 사회에 대한

어른으로서 해야 할 도리이자 예의이기 때문이다

✦ 사색의 시간, 사유의 질문

- 지금까지 한 말과 행동에 대해 얼마나 책임 있게 살아왔는가? 그리고 책임을 다하지 못했
  던 순간이 있었다면 그 이유는 무엇인가?

____

- 사람이 자신의 말과 행동에 책임을 지지 않는다면 개인과 사회에는 어떤 일이 일어날까?

____

✦ 당신이 주인공 ✦

어쩌면 주인공이란 자기 의지와는 상관없이

세상의 잣대를 충족시키며 살아가는 허상일지도 모른다

스스로의 의지로 자기가 하고 싶은 일을 하며

소박하지만 즐겁고 만족스러운 인생을 사는 사람들

그들이 진정한 주인공이 아닐까

자기 일에 충실하게 만족할 줄 아는 당신

지금 이 글을 읽으며 가슴 뛰는 자신을 발견하는

당신이 바로 주인공이다

✦ 사색의 시간, 사유의 질문

• 진짜 원하는 삶을 살고 있는가 아니면 세상이 정한 기준에 따라 살고 있는가?

____

• 주인공 같은 삶이란 무엇인가? 사회가 만든 기준인가 아니면 개인의 만족에서 결정되는
  것인가?

____

✦ 공부하는 자세 ✦

내가 있는 방향으로 세상이 흐르지 않을 때는

무엇을 해도 안 풀릴 때가 있다

바람이 불지 않으면 연은 날지 못한다는 말이 있듯이

세상의 이치가 그렇다

그럴 땐 꾹 참고 기다리는 수밖에 없다

그러므로 언제나 준비된 상태로 깨어 있어야 한다

언제 기회가 오든 문제없다는 자세로

공부와 함께 자기 관리를 꾸준하게 하면서

마음을 다잡고 준비해 두어야 한다

✦ 사색의 시간, 사유의 질문

• 잘 풀리지 않는 시간을 지나고 있다면, 지금은 불운한 시간일까 아니면 더 큰 기회를 준비 하게 만드는 과정일까?

____

• 기회를 놓치지 않기 위해 무엇을 준비하고 있는가? 나의 마음과 몸은 그 기회를 맞이할 준비가 되어 있는가?

____

✦ 마음 체력 ✦

마음의 체력 저하는 열심히 최선을 다했지만

돌아오는 것은 현실에 대한 불안과 앞날에 대한 부정적 전망

그로 인해 마음의 가난함에서 오는 후유증이다

여유로운 마음가짐으로 최선을 다했다면

자신을 사랑하는 마음으로

겸손하게 칭찬해 주고 격려해 주는 믿음이

마음 체력을 곧바로 충전시켜 줄 것이다

• 최선을 다했음에도 불안과 부정적인 생각에 빠질 때, 나는 나 자신에게 어떤 말과 태도로
  대하고 있는가?

___

• 마음 체력을 회복시키는 것은 외부의 인정인가 아니면 스스로의 노력과 가치를 인정하는
  마음인가?

___

✦ 품격의 향기 ✦

꽃에는 향기가 있고

사람에게는 품격이 있으며

향기는 제대로 발할 때 맡을 수 있다

그리하여 늘 나의 마음가짐을

흐리지 않고 맑게 유지되도록

꽃을 보듯 나를 가다듬어

품격 있는 사람으로 살아가기를

✦ 사색의 시간, 사유의 질문

- 나는 주변 사람들에게 어떤 향기, 어떤 인상 혹은 어떤 품격을 남기고 있는 사람일까?

____

- 사람의 품격은 타고나는 것일까 아니면 삶과 선택 속에서 만들어지는 것일까?

____

✦ 감사의 다짐 ✦

오늘도 주어진 하루에 감사하며

멋지고 아름답게 후회 없이, 미런 없이

살아 보자고 다짐하고 시작한다

이렇게 나 자신과의 대화로부터

매일을 하루를 시작하는 나는

매사에 긍정적이고 자유롭다

✦ 사색의 시간, 사유의 질문

• 오늘이 내 인생의 마지막 하루라면, 나는 무엇을 소중히 여기고 무엇을 내려놓을까?

• 나는 바쁘게 살고 있는 것일까 아니면 의미 있고 가치 있게 살고 있는 것일까?

✦ 내면의 힘 ✦

마음을 비운 채 생을 돌아보며 걷다 보면

사색과 사유는 더욱 깊어지고

가파른 길도 숨 고르며 견딜 수 있는

내면의 힘이 응축되겠지

성찰은 때때로 우리에게 일어난

경험과 행위를 올바로 이해하고

그 과정의 실수와 부족함을 인정함으로써

새로운 인식과 통찰로 나아갈 수 있게 해 준다

✦ 사색의 시간, 사유의 질문

• 지금까지의 실수와 취약점를 인정하고, 그것을 통해 무엇을 배우고 있는가?

____

• 삶의 가파른 길을 걸을 때 숨을 고르며 나를 지탱해 주는 내면의 힘은 무엇인가?

____

✦ 소중한 빛 ✦

다이아몬드에게 빛이 없다면

볼품없고 쓸모없는 작은 돌덩이에 지나지 않는다

빛이 있기에 다이아몬드가

반짝이고 화려해지며 값비싼 보석이 되는 것이다

값이 없는 것이 진정 비싸고

화려함이 없는 것이 진정 화려하며

희귀함이 없는 것이야말로 진정으로 소중한 것이다

당신 안의 숨겨진 다이아몬드를 밝혀 줄

당신만의 소중한 빛을 찾기를

✦ 사색의 시간, 사유의 질문

• 지금까지 무엇을 가치 있는 것이라고 믿어 왔는가? 그 기준은 진짜 내면에서 나온 것인가
아니면 세상이 만든 기준인가?

____

• 내 안에 숨겨진 다이아몬드는 무엇이며, 그것을 빛나게 할 나만의 빛은 어떤 삶과 태도에
서 나오는가?

____

✦ 비밀의 힘 ✦

성장의 비밀은 고난에 있고

용기의 비밀은 두려움에 있다

변화의 비밀은 슬픔에 있으며

힘의 비밀은 좌절에 있다

사랑의 비밀은 아픔에 있고

성공의 비밀은 실패에 있다

깨달음의 비밀은 괴로움에 있으며

이 모든 비밀을 풀 수 있는 사람은

그 누구도 아닌 오직 나뿐이다

✦ 사색의 시간, 사유의 질문

• 지금까지 겪은 고난이나 실패 중에서 나를 성장시키거나 변화하게 만든 경험은 무엇인가?

____

• 두려움과 슬픔, 좌절 같은 감정을 피하기보다 받아들인다면, 어떤 깨달음을 얻을 수 있는가?

____

✦ 알아차림 ✦

삶과 인생을 겪어 보니

알아차림이 우선이고

경험은 그다음이다

경험은 항상 변하지만

알아차림은 변하지 않는다

• 지금까지의 삶에서 경험을 바꾸려고 노력했는가? 그 경험을 알아차리는 나의 태도를 돌아본 적이 있는가?

____

• 모든 경험이 변한다면, 그 경험을 보고 있는 나의 알아차림은 무엇이며 어디에서 오는 것인가?

____

✦ 유일한 삶 ✦

우리는 이 세상에 제각각의 원본으로

자기만의 지문을 갖고 태어났다

살다 보니 원본은 퇴색되어 보이질 않고

세상 속 누군가의 복사본으로 살아가고 있다

유일한 삶을 살 수 있음에도

잉여와 여분의 삶으로 살아간다

✦ 사색의 시간, 사유의 질문

• 나는 내 삶의 '원본'으로 살고 있는가 아니면 타인의 기대와 기준 속에서 '여분'의 삶을 살고 있는가?

• 인간이 자신의 삶을 원본이 아닌 잉여처럼 느끼게 되는 이유는, 개인의 선택일까 아니면 사회 구조와 환경 때문일까?

✦ 마음의 의도 ✦

삶에서 자신이 진정으로

무엇을 원하는지 명확해지면

삶도 명확해진다

마음에 따라 삶은 움직인다

마음의 의도가 명확한 사람은

이루지 못할 게 없다

✦ 사색의 시간, 사유의 질문

• 삶에서 진정으로 원하는 것이 무엇인지 분명하게 알고 있는가? 아니면 무엇이 그것을 흐리게 만들고 있는가?

• 내 마음의 의도와 실제로 선택하고 행동하는 삶은 얼마나 일치하고 있는가? 혹시 두 가지 사이에 거리가 있다면 그 이유는 무엇인가?

✦ 마음의 향 ✦

하루 일과를 돌아보고 나를 다독이며

오늘을 살고자 한다

강렬한 이기적 욕구에 흔들릴지라도

맑고 밝은 지혜의 빛을 향해

한 걸음 한 걸음 우직하게 가 보려 한다

넉넉히 채우고 또 덜어 내고 비워 내

마음의 향이 그윽해질 때까지

✦ 사색의 시간, 사유의 질문

• 지금 마음을 채우고 있는 삶을 살고 있는가 아니면 비워야 할 것을 붙잡고 있는가?

____

• 마음에서 은은한 향기를 피우기 위해 무엇을 채우고 무엇을 덜어 낼까?

____

✦ 삶의 이유와 목적 ✦

자신이 왜 사는지 알고 사는 사람과

모른 채 그냥 사는 사람의 삶은 하늘과 땅 차이다

삶의 이유와 목적을 아는 사람은

어떤 난관이나 어려움도 이겨 내고 극복해 내지만

모르는 사람은 작은 고통과 어려움도 극복하지 못한다

✦ 사색의 시간, 사유의 질문

• 내가 삶에서 진정 추구하는 의미와 목적은 무엇인가? 나는 그것을 알고 있는가 아니면 그냥 흘러가는 삶을 살고 있는가?

____

• 삶의 의미를 모른 채 살아가는 사람과 삶의 의미를 알고 살아가는 사람의 고통에 대한 반응은 왜 이렇게 다를까? 그 차이는 어디서 오는 것인가?

____

✦ 깊이 있는 말 ✦

드러나는 말보다

밝은 미소와 침묵으로

조용한 물처럼 깊이 있는 말로

사랑과 감동을 전할 수 있다면

바로 그것이 아름다운 삶이 아닐까 싶다

✦ 사색의 시간, 사유의 질문

• 말보다 행동과 표정으로 더 깊은 감정을 전달할 수 있다고 믿을 때, 내 삶의 어떤 순간들이 그런 조용한 사랑을 보여 주고 있는가?

____

• 겉으로 드러나는 말과 행동보다 내면의 깊이를 통해 타인에게 감동을 줄 수 있다면, 나는 어떤 방식으로 내면을 풍요롭게 바꿀 수 있는가?

____

✦ 말의 가치 ✦

말은 생각을 담는 그릇이다

어떤 생각을 하느냐에 따라

그 말의 가치가 결정된다

아무렇게나 생각하면 아무렇게나 말하고

좋은 생각을 하면 좋은 말을 하며

한마디의 말이 힘들이지 않고

세상을 휘어잡기도 파멸시키기도 한다

- 지금 하는 말 중에서 나 자신이나 주변에 긍정적인 씨앗을 심는 말은 얼마나 될까? 혹은 무심코 뿌린 말이 누군가에게 상처가 된 적은 없을까?

- 말의 힘이 세상을 바꾼다면, 나는 사회와 관계에서 말의 영향력을 얼마나 책임감 있게 관리하고 있는가?

✦ 성숙해 간다는 것 ✦

성숙해 간다는 것은

결국 약한 것들을

사랑할 수 있는 마음을

익혀 가는 것이다

✦ 사색의 시간, 사유의 질문

- 누군가의 약함을 받아들이고 이해할 수 있었던 순간은 언제였는가? 그 경험이 나에게 어떤 성장을 가져왔는가?

- 다른 사람의 약함을 사랑할 수 있는 마음을 기르기 위해 오늘 할 수 있는 작은 선택은 무엇인가?

✦ 진정한 치유 ✦

세상 만물은 모였다가 흩어지고

또다시 모였다가 흩어지기를 끊임없이 반복한다

따라서 진정한 치유란 무슨 일이 일어나든

그것을 여유 있게 받아들일 수 있도록

내면에 넉넉한 빈 공간을 만드는 것이다

✦ 사색의 시간, 사유의 질문

• 세상의 모든 변화와 흩어짐 속에서 나는 어떤 것들을 붙잡고 놓지 못하고 있는가? 그 집
  착을 내려놓는다면 내 마음에는 어떤 공간이 생길까?

____

• 내면의 빈 공간을 충분히 확보한 사람과 그렇지 않은 사람의 삶은 어떻게 다른가? 진정한
  치유와 평온은 어디서 어떻게 비롯된다고 생각하는가?

____

✦ 올라감과 내려감 ✦

오름의 경지가 있듯이

내려가야 도달하는 경지도 있다

올라감은 배움이고 채움이며

내려감은 비움과 낮춤이다

인생의 고수는 내려감으로써 올라가고

낮아짐으로써 높아지며

어두워짐으로써 밝아진다

✦ 사색의 시간, 사유의 질문

• 내려가는 길과 오르는 길 중 어느 길이 더 필요한가? 나는 삶에서 배움과 채움이 필요한가 아니면 비움과 낮춤을 통해 내면의 경지를 깨닫는 것이 필요한가?

• 높이와 깊이 중 무엇이 진정한 성취를 결정하는가? 인간의 성장과 깨달음에서 외적인 성공과 내적인 완성 중 어느 쪽이 더 지속적이고 의미 있는가?

✦ 말없이 묵묵히 ✦

한없이 느릿느릿 기어가는 달팽이도

실은 혼신을 다해 기어가고 있을 거야

새들도 수만 번의 날갯짓으로 날고

벌은 1킬로그램의 꿀을 얻기 위해

560만 송이의 꽃을 찾아다니며

태양도 달도 하루의 일과를

말없이 묵묵히 해내고 있듯

자연도 저마다 투지의 삶을

아름답게 살아가고 있음이다

✦ 사색의 시간, 사유의 질문

- 자연의 모든 존재는 각자 속도와 방식으로 최선을 다하며 살아간다. 나의 삶에서 느리지만 충실하게 진행되고 있는 일이나 과정은 무엇일까?

- 벌이 수백만 송이의 꽃을 찾아다니듯, 인간도 목표를 위해 많은 노력을 기울인다. 내가 지금 하고 있는 반복적인 노력 속에서 얻고 있는 보이지 않는 의미나 작은 성취는 무엇일까?

✦ 자신을 만드는 것 ✦

자신을 만드는 것은

돈도 명예도 성공도 아닌

행동과 실천이다

✦ 사색의 시간, 사유의 질문

• 지금까지 말로 한 약속보다 실제 행동으로 보여 준 것은 얼마나 되는가? 자신의 말과 행동이 얼마나 일치하는가?

____

• 돈과 명예, 성공이 아닌 행동으로 나를 설명한다면, 나는 어떤 사람이라고 말할 수 있는가? 삶의 태도와 가치관에 대해 깊이 생각해 본 적이 있는가?

____

<table><tr><td>필</td><td>사</td><td>,</td><td></td><td></td><td></td><td></td><td></td><td></td></tr><tr><td>깊</td><td>이</td><td>를</td><td></td><td>만</td><td>드</td><td>는</td><td></td><td>습</td><td>관</td></tr></table>

필사, 깊이를 만드는 습관

펴낸날 **초판 1쇄** 2026년 3월 30일

지은이 김유영

펴낸이 강진수
편 집 김은숙, 김우연
디자인 Stellalala_d

인 쇄 주식회사 프로메테우스미디어

펴낸곳 (주)북스고 **출판등록** 제2024-000055호 2024년 7월 17일
주 소 서울시 서대문구 서소문로 27, 2층 214호
전 화 (02) 6403-0042 **팩 스** (02) 6499-1053

ISBN 979-11-6760-125-4 03190